Eurêka

Steve Parker

Marie Curie et le Radium

Editions du Sorbier
51, rue Barrault
75013 Paris

ISBN : 2-7320-3288-3
IMPRIME A HONG KONG

Traduit de l'anglais par Madeleine Gilard

Publié pour la première fois en Grande-Bretagne en 1992 par Belitha Press Ltd

Crédits photographiques :
AIP Niels Bohr Library, p.11 en bas à droite Lande
Collection, p.19 en bas UK Atomic Energy Authority
Barnaby's Picture Library, p.22
Bridgeman Art Library, p.8 en bas
Marie Evans Picture Library p.11 en haut,p.15 en bas à gauche
Sygma/l'Illustration, p.16 en bas à gauche, p.24 en haut,
p.26 en bas
Musée Marie Curie, Paris, page de titre, p.8 en haut,
p.9 à droite, p.17 en haut, p. 26 en haut
Collection Popperfoto/Marie Curie, p. 2,5,9 à gauche,
p.6,10,,12,13,16,en haut et au centre à droite,
p.19 en haut, p.20,23,24 en bas,25
Science Photo Library, p.4 Martin Bond, p.11en bas à gauche
J.L Charmet, p. 15 en haut Martin Bond et en bas à droite
A. Tsiaras, p. 17 en bas J.L Charmet, p.27 en haut Los Alamos
National Laboratory et en bas J.L Charmet

Illustrations de Tony Smith, p. 6-7, 14,22-23
Rodney Shackell, p. 13,18,21,25
Responsable éditorial, Kate Scarborough
Maquette : Andrew Oliver
Recherche iconographique : Vanessa Kelly

La statue de Marie Curie, érigée à Varsovie sa ville natale

Table des matières

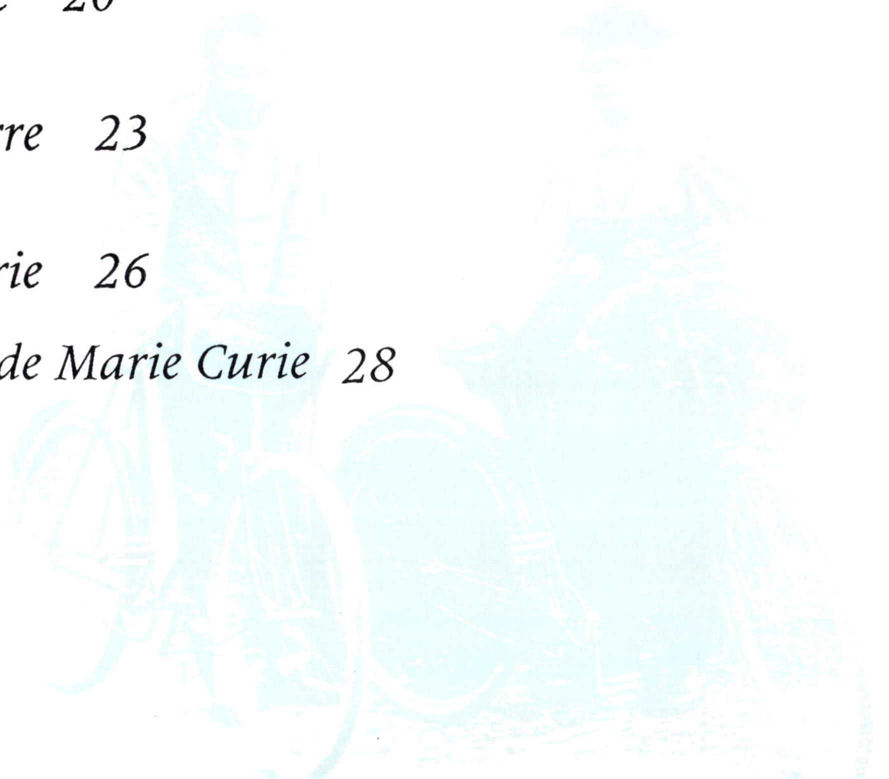

Introduction

Au début du XXe siècle, souvent appelé le siècle de l'atome, les hommes de sciences cherchaient à déterminer si les atomes, considérés comme les plus petites particules de matière existantes, ne seraient pas, en fait, composés eux-mêmes de particules encore plus petites. En 1919 on parvint à la fission de l'atome, c'est-à-dire à sa désintégration. Cette découverte devait fonder la puissance atomique, ou puissance nucléaire, avec ses avantages et ses inconvénients.

Marie Curie fut parmi les premiers chercheurs à étudier la radioactivité. Elle découvrit une substance, le radium, qui, lorsque ses atomes se séparent, produit naturellement cette radioactivité dont la nature à l'époque n'était pas bien comprise. Les travaux de Marie Curie représentent la lutte acharnée d'une femme encore inconnue, manquant des ressources nécessaires et qui se heurtait à l'opinion largement répandue qu'une femme ne pouvait pas être une véritable "savante". Pourtant, elle allait devenir célèbre dans le monde entier et reçut deux fois le prix Nobel. Grâce à ses travaux et à ceux des savants, nous avons aujourd'hui une notion beaucoup plus précise des atomes et de la radioactivité.

Les recherches de Marie Curie ont aiguillé les savants vers la fission de l'atome et la production d'énergie nucléaire.
Des centrales nucléaires comme celle-ci sont génératrices de formidables quantités d'électricité.

Chapitre I
Les premières années

La maison natale de Maria, 16 rue Freda, Varsovie. C'est aujourd'hui un musée consacré à sa mémoire et à ses travaux.

Le 7 novembre 1867, naissait en Pologne, à Varsovie, une petite fille nommée Maria Salomé Sklodowska. Dans sa famille on l'appelait Manya. Ses parents, professeurs, avaient déjà quatre enfants : Sofia, Bronislawa (dite Bronia), Hélène et un garçon Jozef.

Maria, ses soeurs et son frère. Sofia, l'aînée, à gauche, et Jozef assis sur la table.

La Pologne, à l'époque, était sous la domination de la Russie voisine.

Le meilleur enseignement, les meilleures situations étaient réservés aux Russes. La majorité des Polonais avaient du mal à vivre. Mais grâce au métier des parents, la famille de Manya connût un peu moins de difficultés.

La vie de famille à Varsovie

Maria, à gauche, avec son père et les deux soeurs qui lui restent. Bronia, à la droite du père, est à la veille de son départ à Paris.

Les enfants Sklodowska reçurent une éducation stricte. On exigeait d'eux une grande application au travail, le respect des adultes et la pratique des devoirs religieux. Les parents étaient à la fois sévères et tendres. En 1876, Sofia, la grande soeur de Maria, mourut du typhus. Deux ans plus tard, sa mère mourut à son tour atteinte de la turberculose. En 1883, Maria termina ses études au lycée russe. Elle avait été une élève modèle, intelligente, capable de se concentrer, douée d'une excellente mémoire. Elle reçut la médaille d'or du lycée. Mais elle tomba malade et partit se rétablir à la campagne, chez des cousins, où elle resta un an.

De retour à Varsovie, Maria prit part avec sa soeur Bronia aux réunions secrètes de **"l'Université Flottante"**. Les membres de cette organisation lisaient les textes scientifiques et autres, interdits par les autorités russes qui redoutaient les idées révolutionnaires contenues dans ces livres.

A dix-huit ans, afin d'aider les siens, Maria se plaça comme gouvernante dans des familles.

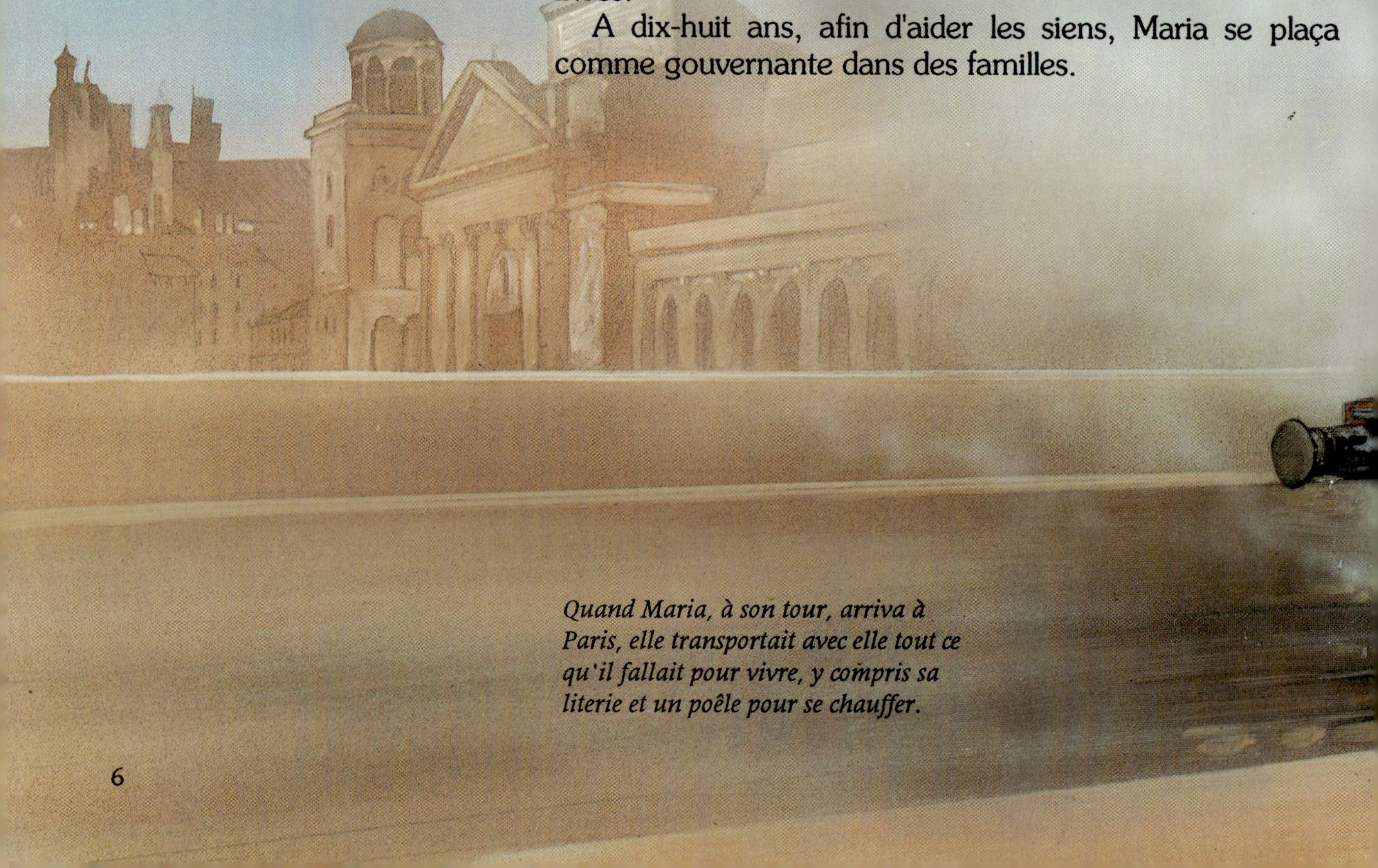

Quand Maria, à son tour, arriva à Paris, elle transportait avec elle tout ce qu'il fallait pour vivre, y compris sa literie et un poêle pour se chauffer.

L'élève devient professeur

Pendant ses moments libres, Maria travaillait seule les mathématiques et la physique. Elle envoyait une partie de ses appointements à Bronia, étudiante en médecine à Paris.

En 1890, les soucis financiers s'allègent un peu, le père ayant obtenu une meilleure situation. Maria vécut un temps près de lui, tout en enseignant les sciences à son tour.

Mais très vite, elle désira étudier à l'étranger car, à Varsovie, les jeunes filles n'étaient pas admises à l'Université. En 1891, à vingt-quatre ans, Maria Sklodowska, Marie, désormais, monta dans un wagon de troisième classe pour le long voyage qui l'amènerait à Paris, à la conquête de ses diplômes de mathématiques et de physique.

Les grands penseurs de l'époque

● Le naturaliste anglais Charles Darwin avait écrit un ouvrage sur l'évolution et la lutte pour la survie des êtres vivants (L'origine des Espèces, 1859). L'étude de son oeuvre amena plusieurs savants à douter de l'existence de Dieu, ce qui impressionna profondément Marie.

● Marie et ses amis de l'Université clandestine avaient eu connaissance des cours de "philosophie positive" donnés par le français Auguste Comte entre 1830 et 1842. Ces jeunes gens, qui se baptisaient positivistes, se déclaraient ses disciples; ils voyaient dans cet enseignement un enchaînement d'idées qui pouvaient conduire la Pologne à retrouver son indépendance.

● Marie se familiarisait avec la discipline scientifique: comment raisonner logiquement et clairement, comment conduire les expériences, comment mettre à l'épreuve idées et théories. Avec le temps, la science devait prendre la place de la religion et de la politique dans la vie de Marie, la jeune fille ne pouvant rien accepter qui ne fût susceptible d'être prouvé.

La vie à Paris, c'était le travail. Marie ne maîtrisait pas encore bien le français, elle n'avait qu'un tout petit cercle d'amis. Cette "vie parisienne", représentée ici par le peintre Edmond Georges Grandjean, fut presque totalement ignorée par Marie.

Chapitre II
Paris

Marie vécut d'abord chez Bronia qui avait épousé un médecin. Puis elle s'installa au Quartier Latin, dans une mansarde mal éclairée, mal chauffée par un petit poêle à charbon. Manquant d'argent et devant payer ses cours, elle se nourrissait fort mal. Elle passait de longues heures à étudier dans les bibliothèques, si heureuse dans ses recherches que les difficultés ne la rebutaient pas.

Marie assistait, à la Sorbonne, aux cours des premiers mathématiciens et physiciens de son temps, entre autres Paul Appell et Gabriel Lippmann.

En 1893, elle obtint son diplôme de physique, à la première place de son groupe, et fut admise au laboratoire de Lippmann. L'année suivante, elle fut diplômée de mathématiques. Elle projeta alors de se consacrer à la recherche, plutôt par amour de la science et pour le bonheur d'étendre ses connaissances que pour le profit matériel qu'elle pourrait en retirer.

Les Curie devant leur maison, boulevard Kellerman. La balade en vélo était un de leurs plaisirs partagés.

Pierre Curie

Né en 1859 à Paris, élevé par son père, médecin, Pierre, à quatorze ans, s'intéressait déjà vivement aux mathématiques. A dix-neuf ans , il entrait comme assistant dans un laboratoire de l'Université. Avec son frère, Jacques, il avait étudié la chaleur, les cristaux, le magnétisme et l'électricité. Quatre ans plus tard, il était nommé chef de travaux à l'école de physique et de chimie industrielles.

La rencontre de Pierre et Marie

A vingt-sept ans, Marie fit la connaissance de Pierre Curie chez un physicien polonais. Pierre Curie, alors âgé de trente-cinq ans, avait d' importantes fonctions dans un laboratoire de physique. Très vite, ils se découvrirent des goûts communs : l'amour de la nature et des promenades, et surtout la passion de la recherche en physique.

Pierre écrivit à Marie des lettres qui parlaient tout à la fois d'amour et d'expériences de laboratoire. Ils se marièrent le 26 Juillet 1895 et partirent en voyage de noces à vélo. Ce fut la première de ces randonnées qui devaient leur apporter l'air pur et la beauté de la campagne, dont ils avaient bien besoin après les longues journées passées au laboratoire et à la bibliothèque.

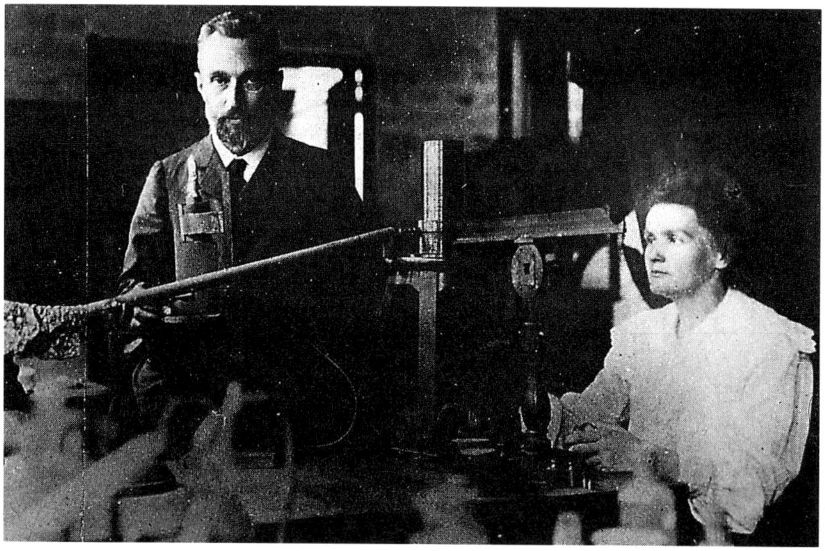

Pierre et Marie Curie dans leur laboratoire en 1898, à l'époque où elle purifiait l'uranium pour découvrir le secret de la substance radioactive.

Les Curie au travail

Le 12 septembre 1897, naissait leur fille Irène. Quelques mois après la naissance, Marie publia son premier travail scientifique, le rapport sur les propriétés magnétiques de l'acier.

La recherche, qui mène toujours plus loin sur la voie de la connaissance, était une joie pour le jeune couple. Pierre était parvenu à son niveau actuel par le travail en laboratoire plutôt qu'en qualité d'étudiant. Il publiait régulièrement ses importantes découvertes dans des journaux scientifiques, mais il avait toujours refusé d'en tirer un profit matériel ou de solliciter des prêts pour ses recherches. Malgré la valeur de ses résultats, les autorités universitaires ne le nommaient pas à un poste supérieur sous prétexte qu'il ne possédait pas les diplômes voulus.

Pourtant, en 1895, il avait obtenu le titre de docteur ès sciences pour ses premiers travaux sur le magnétisme. Après leur mariage, Marie vint travailler avec lui à l'école de physique et de chimie.

Elle étudiait les propriétés magnétiques de différents alliages (combinaisons de métaux) et elle rédigea alors la première de ses nombreuses publications scientifiques.

Rayons et rayonnements

En novembre 1895, un physicien allemand, Wilhelm Röntgen, découvrit, au cours d'une expérience, d'invisibles "rayons pénétrants" provenant d'un tube électrique. Incertain de leur nature, il les baptisa rayons X. Ils pouvaient pénétrer la chair et diverses autres substances mais non des matériaux durs et denses comme les os et les métaux épais. En quelques mois, les rayons X et leurs effets furent célèbres dans le monde. Pierre et Marie Curie, qui poursuivaient leurs recherches, s'intéressèrent aussitôt à la découverte de ces "émissions étranges".

En 1896, le physicien français Henri Becquerel découvrit à son tour d'autres rayons pénétrants. Ceux de Röntgen provenaient d'une source électrique, ceux de Becquerel semblaient émaner naturellement d'un morceau d'uranium. Le savant avait laissé cet uranium dans un tiroir, posé sur du papier photographique. Quelques jours plus tard, il s'aperçut que le papier s'était recouvert d'une buée. Marie, cherchant alors un sujet de thèse pour préparer son doctorat ès sciences, décida de se pencher sur le mystérieux rayonnement détecté par Becquerel.

Un dessin humoristique paru en 1900 montre que cinq ans après leur découverte, les rayons X intriguent le grand public par leur propriété de "voir à travers les choses".

Un rayonnement nouveau

Wilhelm Röntgen découvrit les rayons X à l'Université de Würzbourg, en Allemagne, où il enseignait la physique. Pendant deux mois, il s'acharna à pénétrer le sens de sa découverte avant de la faire connaître.

Ci-dessous la radiographie de la main de sa femme, une des premières images obtenues aux rayons X.

Le prix Nobel de physique lui fut décerné en 1901.

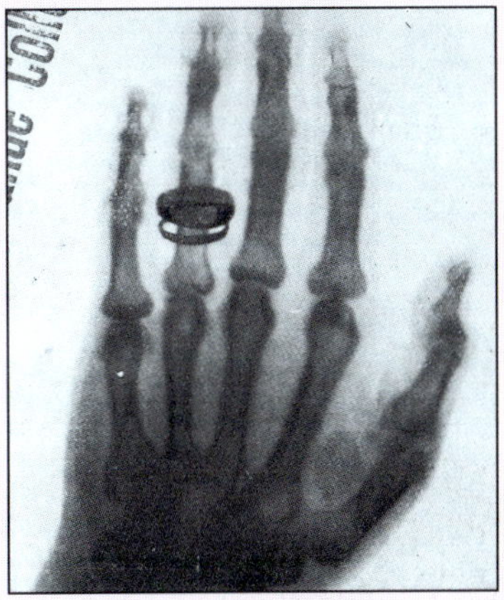

Le "laboratoire" de Marie, à l'école de Physique.

L'électromètre Curie

Les frères Curie avaient inventé cet appareil pour déterminer si une substance donnée émettait ou non un rayonnement. Lorsqu'une substance émet de la radioactivité, l'air environnant se charge d'électricité. C'est cette électricité que mesure l'électromètre.

Chapitre III
Découverte du radium

Pour tout laboratoire, Marie disposait d'une pièce humide et non chauffée à l'Ecole de Physique.

A l'aide de l'électromètre inventé par son mari et son beau-frère, Jacques Curie, elle rechercha des sources de rayonnements autres que l'uranium. Elle découvrit ainsi que la substance appelée *thorium* avait cette propriété. Elle constata également que quel que soit le traitement appliqué à l'uranium et aux substances qui le contenaient, la quantité de rayonnement émis était toujours la même.

Marie en déduisit que le rayonnement ne pouvait pas être causé par des réactions chimiques, car, en ce cas, il changerait selon que l'uranium serait ajouté à d'autres matières chimiques ou en serait séparé.Proviendrait-il des plus petites particules de l'uranium lui-même, de ses atomes ? Cette idée contredisait toutes les théories scientifiques de l'époque. Pourtant sa justesse fut prouvée. L'attention de Marie et de Pierre fut aussi attirée par un effet des émissions nouvellement découvertes: elles rendaient certaines substances fluorescentes.

Trop de rayonnements

L'uranium utilisé par Marie provenait principalement d'un minerai, la pechblende, mélange naturel non purifié de roches et d'autres substances extraites du sol. Le minerai de chalcolite contient aussi de l'uranium. En 1898, les expériences et les calculs de Marie montrèrent que la pechblende et la chalcolite émettaient davantage de rayonnements qu'on ne pouvait s'y attendre d'après leur contenu en uranium. Il devait donc y avoir dans ces minerais une autre substance produisant l'excédent de rayonnement.

En quête de la substance mystérieuse

Marie utilisa des procédés chimiques, pilant le minerai, le passant au tamis, le faisant bouillir pour le dissoudre, laissant évaporer le liquide, filtrant le résidu, le distillant et le soumettant à un courant électrique.

A chaque phase du travail, elle vérifiait avec ses collègues le contenu et la pureté du nouveau résidu obtenu.

Elle en isolait alors la partie qui émettait le plus de rayonnement et la soumettait à une nouvelle purification. Elle finit par obtenir un état pur de la nouvelle substance, un nouvel élément chimique. Elle le baptisa polonium, en l'honneur de son pays natal. Dans le compte-rendu scientifique de son travail, elle inventa le terme *radioactif* pour qualifier des substances telles que l'uranium et le polonium qui émettent des rayons pénétrants ou radiations.

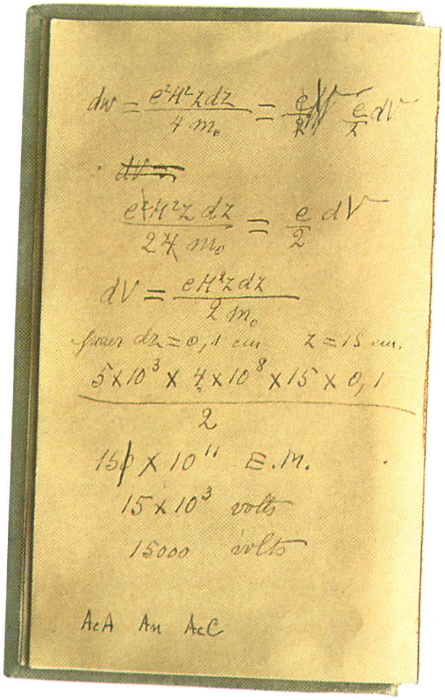

Page d'un carnet de laboratoire de Marie avec des équations mathématiques portant sur les émissions d'énergie.

Purification de la pechblende

Lueur dans l'ombre

Le polonium est la première substance hautement radioactive isolée sous sa forme pure. Son rayonnement était tel que l'air alentour devenait luminescent et le polonium lui-même était chaud au toucher.

Le polonium, malgré sa puissance, n'était pas seul responsable de la radioactivité de la pechblende. Marie continua ses recherches et purifia en partie une substance contenant un élément nouveau qu'elle nomma radium, d'après le latin *radius* : rayon.

Mais il se trouvait en si faible quantité dans la pechblende que des tonnes de ce minerai n'auraient fourni qu'un tout petit échantillon de radium pur.

Certaines substances radioactives purifiées par les Curie étaient luminescentes. Pierre s'amusait parfois à étonner ses amis en sortant à l'improviste de sa poche un petit récipient de verre contenant une de ces substances d'où émanait une étrange lueur.

La course au radium

A partir de 1899, Marie se consacra à une tâche immense : obtenir du radium pur sous une forme permettant de prouver son existence. Pierre poursuivait ses propres investigations. Mais la radioactivité le passionnait, et il analysait des nouveaux spécimens à chaque phase des recherches de Marie.

Le laboratoire de Paris vit arriver des tonnes de déchets miniers radioactifs de Bohème et d'Afrique qui furent soumis au processus de séparation chimique. La phase finale était délicate, souvent décevante. A l'époque les risques provoqués par des substances radioactives étaient mal connus. La santé de Marie en fut durablement altérée. Des symptômes de tuberculose apparurent après la naissance de sa fille Irène et bientôt elle éprouva une constante lassitude, des malaises digestifs, résultat de l'intoxication par les rayons. Ses mains étaient raides, abîmées, couvertes d'ulcères à force de mélanger et porter à ébullition les substances radioactives. Des années plus tard, ses carnets et son tabouret de laboratoire présentaient encore un taux élevé de radioactivité.

Il est remarquable qu'elle ait pu mener à bout une tâche aussi épuisante. Remarquable aussi qu'elle ait vécu jusqu'à un âge relativement avancé. Nombreux sont ses compagnons de travail morts beaucoup plus jeunes.

La famille Curie dans un de ses rares moments de détente. Mais Marie et Pierre montraient souvent des visages fatigués, marque de leur périlleux travail.

Danger ! Radioactivité !

Nous en connaissons maintenant les risques. Les mots ci-dessus ont dans le monde entier valeur d'avertissement. Mais les Curie se refusaient à y croire et ce n'est qu'à la fin de sa vie que Marie voulut bien accepter la notion du danger. Aujourd'hui, le travail sur les matières radioactives exige le port d'un équipement de protection (ci-dessous)

Chapitre IV

La première femme de science

Marie Curie disait que les années passées à la purification du radium avaient été les meilleures de sa vie. Le laboratoire prenait le plus clair de son temps sans qu'elle cessât de s'occuper de sa famille et de son foyer.

Elle avait comme assistants André Debierne, un des élèves de Pierre, et Gustave Bémont. Exigeant beaucoup d'elle-même, elle demandait aux autres une application et des soins infinis pour la netteté du laboratoire, ce "hangar" situé derrière l'école de physique.

Tout en étudiant le radium, Marie poursuivait d'autres recherches. Travaillant avec le physicien français Henri Becquerel et un autre scientifique, Fritz Giesel, elle explora en 1899 les propriétés des rayonnements eux-mêmes.

A droite, le laboratoire et l'atelier de la rue Lhomond où Marie travaillait sans relâche malgré la fatigue, les douleurs articulaires et musculaires, les brûlures de ses mains. " C'était la faute du surmenage", croyaient alors les Curie.

◄ Henri Becquerel, étroitement associé au travail des Curie, debout près d'un électromètre géant. En 1896, il avait découvert les émissions radioactives de l'uranium, et ensemble ils démontrèrent que le rayonnement bêta, ou particules bêta (voir p. 21) du radium était en réalité un flux rapide d'électrons. Les travaux de Becquerel ont conduit à l'invention de la lumière fluorescente. Une unité de la physique des rayonnements porte son nom.

Les Curie, dans leur jardin, boulevard Kellermann. Ils aimaient cultiver des fleurs et observer les oiseaux.

Un dixième de gramme

L'année suivante, les Curie s'installèrent boulevard Kellermann, à Paris. Le père de Pierre, le Docteur Curie, vint les rejoindre afin de s'occuper de la petite Irène. Pierre abandonna ses recherches sur les cristaux pour étudier les propriétés des rayonnements radioactifs.

Malgré leur renommée croissante dans le monde scientifique et leur succès, l'Université de Paris restait bien lente à leur fournir l'aide financière pour les recherches. Pierre prit alors un poste de répétiteur auxiliaire à l'Ecole Polytechnique et Marie fut chargée de cours de physique à l'Ecole Normale Supérieure de Sèvres.

Dans les premières années du XXe siècle, les Curie firent parvenir à des laboratoires étrangers des échantillons de substances radioactives purifiées. La recherche sur la radioactivité fit alors une avancée spectaculaire et de nombreux savants participèrent à ces travaux.

En 1902, Marie obtint une forme de sel de radium pur, rien qu'un dixième de gramme, quelque chose d'à peine perceptible. (Il faut sept tonnes de pechblende pour avoir un gramme de radium.) Mais cette minuscule quantité permettait déjà de déduire certaines propriétés physiques et chimiques du radium. Marie annonça au monde scientifique le résultat de ses travaux. C'était le sommet de sa carrière scientifique.

La couverture d'un magazine illustré (ci-dessous) les montre en 1904, devenus célèbres. Un article à l'intérieur décrit la découverte de la radioactivité.

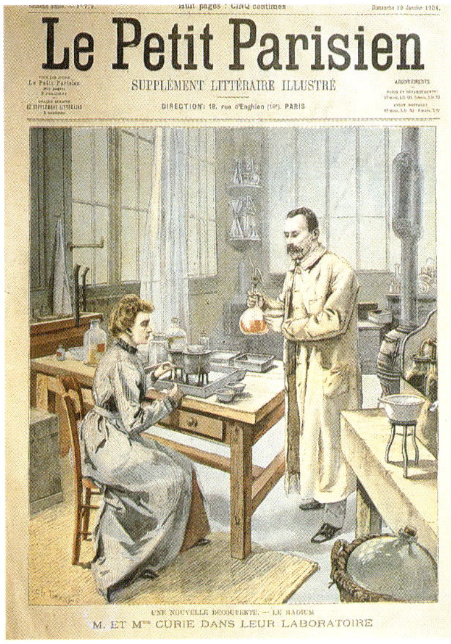

Huit pages : CINQ centimes

Le Petit Parisien

SUPPLÉMENT LITTÉRAIRE ILLUSTRÉ

DIRECTION : 18, rue d'Enghien (10e), PARIS

UNE NOUVELLE DÉCOUVERTE. — LE RADIUM

M. ET Mme CURIE DANS LEUR LABORATOIRE

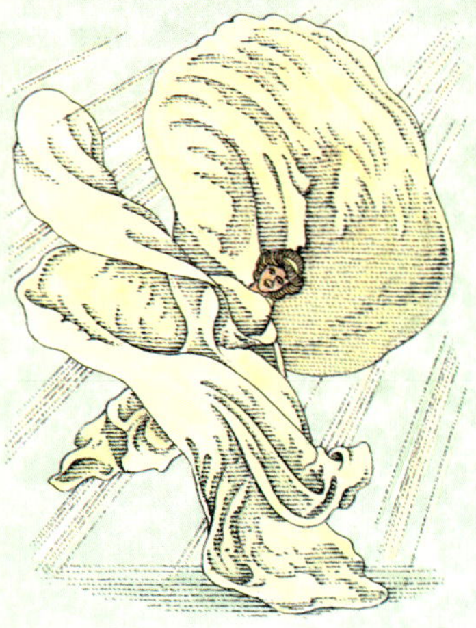

Un spectacle féerique

En 1904, l'Américaine Loïe Fuller donnait à Paris un spectacle de danse où la lumière électrique (encore peu employée) rehaussait l'effet de ses mouvements. Elle pria Marie de lui accorder un peu de radium pour faire luire ses voiles, ce que Marie refusa. Loïe Fuller vint danser pour les Curie dans leur salon aménagé par les électriciens de l'artiste. Marie et Loïe devinrent par la suite, d'excellentes amies.

Récompenses et diplômes

L'année suivante, Pierre se laissa convaincre de se présenter à l'Académie des Sciences. Sans succès. Malgré la réputation des Curie à l'étranger, les Français n'avaient pas encore perçu la signification de leur oeuvre.

Pierre fut invité à prendre la parole à l'Institut Royal de Londres. Pendant ce séjour, Marie se lia avec Hertha Ayrton, l'épouse polonaise d'un professeur anglais. Elle rencontra aussi le physicien* mondialement connu, Ernest Rutherford, tête de l'équipe qui devait plus tard provoquer la fission de l'atome. Enfin, la *Royal Society* de Londres leur décerna la médaille créée en l'honneur de Humphrey Davy, chimiste anglais, inventeur, entre autres, de la lampe de sûreté pour les mineurs. De retour à Paris, Marie obtint enfin son doctorat ès sciences.

Vinrent des jours sombres. Marie accoucha d'un bébé qui ne vécut pas. On ne connaissait pas comme aujourd'hui le risque que la radioactivité fait courir à un nouveau-né. Et Pierre, qui se présenta pour le poste de professeur de minéralogie à la Sorbonne, vit une fois de plus sa candidature rejetée.

Le Prix Nobel

Pourtant cette même année, Pierre et Marie Curie et Henri Becquerel reçurent pour leurs travaux sur la radioactivité le prix Nobel de physique, attribué pour la troisième fois depuis sa création. Malheureusement ni l'un ni l'autre des Curie n'était assez bien portant pour aller en Suède le recevoir personnellement.

Leurs sentiments étaient mitigés. Marie était fière de ses travaux, fière aussi d'être la première femme ainsi distinguée aux yeux du monde. Sans participer aux campagnes de l'époque sur les droits des femmes, elle croyait fermement à l'égalité des sexes. Et si le prix apportait une aide financière aux recherches que les Curie poursuivaient jusque là avec leurs seuls moyens, la renommée et l'agitation inévitable autour du prix venaient troubler le calme indispensable à la poursuite de leurs travaux.

La première fabrique de radium fut installée à Nogent-sur-Marne. Le radium pur se présente comme un métal d'un blanc lustré. On avait acclamé la merveilleuse découverte. Peu à peu, on s'aperçut de ses dangers lorsque la maladie et la mort vinrent frapper ceux qui le manipulaient.

Succès et tragédie

En 1904 était née une seconde fille, Eve. Pierre fut enfin nommé à la Sorbonne. Il eut un meilleur laboratoire et Marie devint sa principale assistante, dûment rétribuée. L'année suivante, il fut élu à l'Académie des Sciences.

Le radium était reconnu. On connaissait sa propriété de luire dans le noir et on se mit à l'utiliser pour traiter certaines maladies. Sa valeur montait en flèche. Des fabricants contactèrent les Curie, offrant des sommes considérables pour l'acquisition de radium ou de procédés de purification. Mais les savants refusèrent de monnayer leur travail, tout en sollicitant des donations pour fonder leur propre Institut du radium. Peu à peu cependant, des usines et des cliniques se créèrent pour l'utilisation du précieux métal.

Et puis, le 19 avril 1906, le drame survint. Pierre marchait dans une rue de Paris, profondément absorbé dans ses pensées. Il ne vit pas venir un lourd attelage de chevaux. Il fût renversé et tué sur le coup.

Ernest Rutherford, d'origine néo-zélandaise, un des savants anglais de premier plan du XXe siècle, a dirigé des équipes qui formulèrent la théorie de la structure de l'atome en 1911 et, s'appuyant sur les travaux des Curie, parvinrent à sa fission en 1919.

Chapitre V

La vie doit reprendre

Marie avec ses filles, Irène (à droite), et Eve. Tous les jours, Marie leur enseignait la musique, la cuisine mais aussi les mathématiques et d'autres sciences. Elle fréquentèrent plus tard une école privée où les cours étaient donnés par les parents des élèves.

La mort de Pierre plongea Marie dans le désespoir. Tandis qu'il reposait dans son cercueil, avant les funérailles, elle lui écrivait des lettres disant son amour et sa détresse. Au bout d'un mois, elle chercha le salut dans la reprise du travail. On lui offrit le poste de Pierre et elle fut ainsi la première femme chargée de cours à la Sorbonne. En 1908, elle devint la première femme professeur à l'Université.

Marie s'installa à Sceaux pour y vivre avec ses filles et son beau-père. Une cousine polonaise vint s'occuper des enfants. Irène était timide et réservée comme sa mère et montrait du goût pour les mathématiques et les sciences. Eve, expansive et assurée s'intéressait à la peinture, à la musique, aux beaux-arts en général.

Un second prix Nobel

Plus que jamais vouée au travail, Marie s'attacha à contester l'opinion d'un physicien écossais, Lord Kelvin, qui suggérait que le radium n'était pas un élément puisqu'il dégageait un gaz, l'hélium, qui est, lui, un élément. Avec son co-équipier, André Debierne, elle poursuivit la purification du polonium et du radium. En 1910, elle obtint enfin un radium pur, métal d'un blanc brillant, et découvrit son point de fusion : 700 degrés centigrades.

La recherche sur la radioactivité èt l'atome occupait de plus en plus les scientifiques. La même année, Marie publia son *Traité de Radioactivité*, un ouvrage de 971 pages. L'année suivante, en 1911, le prix Nobel de chimie lui était décerné pour avoir isolé le radium pur.

Certificat du prix Nobel de Chimie, décerné à Marie.

Curie

Marie proposa une unité de radioactivité correspondant au rayonnement d'un gramme de radium. Cette unité, appelée curie, est encore utilisée internationalement. Elle équivaut à l'activité d'une quantité de radio-élément pour laquelle le nombre de désintégration est de 37.000 millions par seconde.

Atomes et radioactivité

On peut se présenter l'atome semblable à notre système solaire où les planètes tournent autour du soleil - mais infiniment petit. Le plus gros atome ne pourrait être observé avec le plus puissant des microscopes.

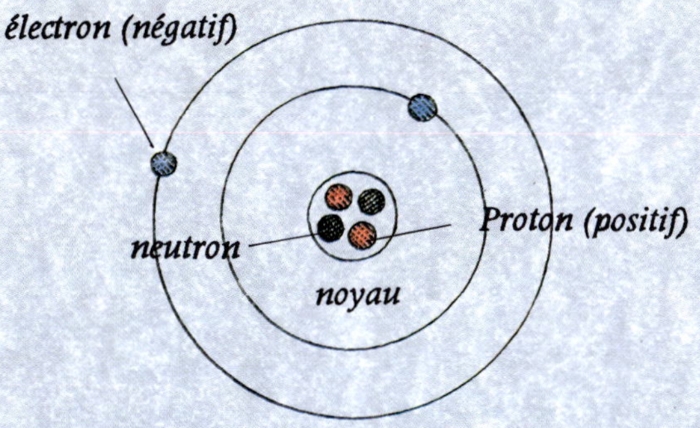

● Le centre de l'atome (que nous avons comparé au soleil) est le noyau. Il contient deux genre de particules : les protons qui sont positifs, et les neutrons qui sont neutres, c'est-à-dire ni positifs, ni négatifs.

● Les particules qui tournent autour du noyau (et que nous avons comparées aux planètes) sont les électrons. Ils sont négatifs. Normalement le nombre des électrons et des protons est le même, c'est-à-dire que négatif et positif s'équilibrent.

● Tout élément chimique tel que l'oxygène, le carbone ou le radium, contient un certain nombre de protons, neutrons, électrons.

● La radioactivité est un rayonnement ou une émission naturelle d'énergie provenant de certains atomes. Elle se produit lorsque le nombre des protons et celui des neutrons de l'atome ne s'équilibrent pas. A mesure que la radioactivité se dégage, la substance se désintègre et se transforme. Il y a trois types principaux de radioactivité.

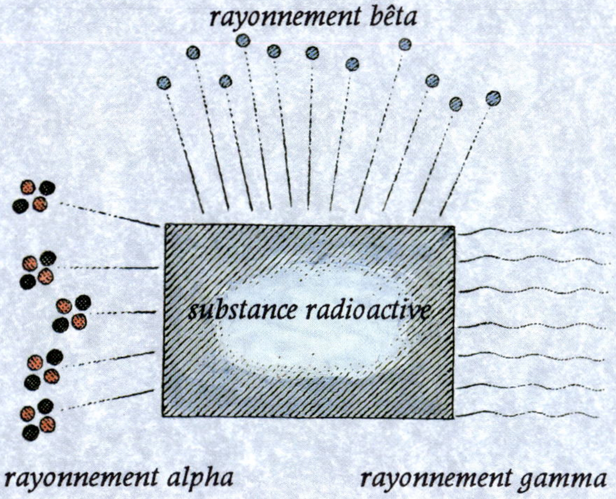

● Particule alpha. Chacune se compose de deux protons et de deux neutrons.

● Particules bêta. Elles sont très semblables aux électrons. Sept mille fois plus petites que les particules alpha, elles pénètrent beaucoup mieux une substance.

● Les rayons gamma ne sont pas des particules mais des ondes comme celles de la lumière. Elles sont si "petites" qu'elles peuvent pénétrer une substance sans heurter un seul de ses atomes.

Les suffragettes

A la fin du XIXe et au début du XXe siècles, le mouvement féministe se développa en Europe. En Angleterre, où il fut très actif, on appela "suffragettes" celles qui réclamaient pour les femmes le droit de vote, suffrage, réservé jusqu'alors aux hommes. Marie ne prit pas une part active au mouvement, mais le succès de ses travaux et ses titres apportèrent aux femmes un grand encouragement. Ici, Mrs Emmeline Pankhurst, arrêtée en 1914 par la police londonienne.

Les temps difficiles

En 1911, Marie, candidate à l'Académie des Sciences, ne fut pas élue. Ses travaux scientifiques étaient pourtant de la plus haute qualité. L'échec fut attribué pour beaucoup au fait qu'elle était femme. Sa vie privée était largement relatée dans la presse. On s'intéressait à ses relations avec son collègue, le physicien Paul Langevin, séparé de sa femme. Marie, profondément affectée, tomba malade. Après un traitement médical, elle rejoignit, en Angleterre, son amie Hertha Ayrton.

Dès son retour à Paris en 1912, elle se vit offrir par l'institut Pasteur un laboratoire spécialisé : la moitié du bâtiment réservée à la recherche des rayonnements et l'autre moitié aux applications pratiques de la radioactivité. Des "cliniques" du radium s'ouvraient en de nombreux endroits. La possibilité de cures magiques fut souvent avancée sans réel fondement. Cependant les instituts du radium furent fondés afin d'étudier et de développer les applications, médicales et autres, du précieux métal.

En 1914, l'Institut du Radium était installé à l'université de Paris. En août de la même année, la Première Guerre mondiale éclatait.

Chapitre VI

La guerre et l'après-guerre

Marie prit amplement part à l'effort de guerre. Elle recueillit des fonds et organisa l'équipement en rayons X des hôpitaux, afin d'aider les médecins à localiser les balles et les éclats d'obus dans le corps des blessés. A ses heures de repos, elle étudiait l'anatomie. Elle encourageait Irène à se rendre utile. Elle créa un cours pour former le personnel sanitaire à se servir des installations radiographiques.

A la fin de la guerre, en 1918, Marie fut nommée directrice de l'Institut du Radium. Irène travaillait avec elle, étudiant les particules alpha émises par le polonium. L'Institut devint un centre mondial consacré à la physique et à la chimie des rayonnements. Des équipes de chercheurs, avec Marie pour guide, venaient y étudier la chimie des substances radioactives et leurs applications médicales.

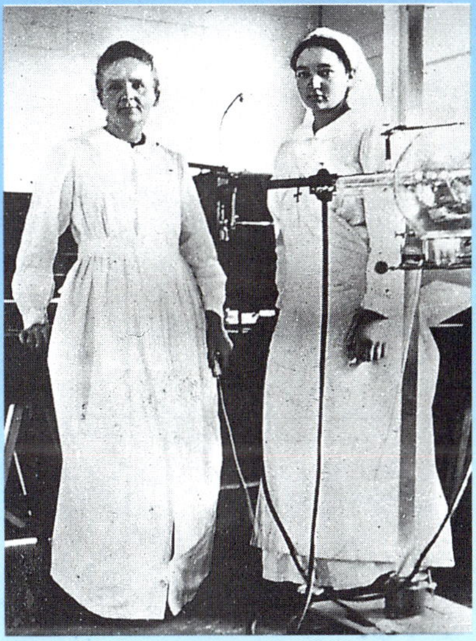

Marie et Irène Curie pendant la Première Guerre Mondiale. Elles n'hésitaient pas à solliciter les plus fortunés pour recueillir des fonds nécessaires à l'effort de guerre.

Les camionnettes baptisées "Petites Curie" étaient équipées d'un matériel de rayons X pour l'examen, à proximité du front, des blessés ramenés du champ de bataille. Marie et ses aides obtinrent et aménagèrent deux cents de ces ambulances.

Marie, au bras du président Harding en 1921. A sa droite, Mrs. Meloney, organisatrice de plusieurs voyages à l'étranger, malheureusement souvent interrompus par la maladie.

Ci-dessous, Marie pendant le voyage de retour en France.

La tournée aux Etats-Unis

En 1910, à 52 ans, Marie se lia avec une journaliste américaine, Marie Meloney, qui contribua à faire connaître dans le monde la personnalité de la savante. Elle organisa aux Etats-Unis une tournée de conférences avec collecte de fonds pour l'Institut du Radium. La santé de Marie continuait à s'altérer. Pourtant, elle accomplit en partie son tour d'Amérique avant que la maladie ne l'obligeât à regagner la France. Le peuple américain, grand public et industriels, réagit généreusement par des dons en argent, des échantillons de substances radioactives,du matériel de recherche. Plusieurs universités lui décernèrent des diplômes et l'Union des Femmes américaines lui offrit un gramme de radium d'une valeur de cent mille dollars. Le radium lui fut solennellement remis par Warren Harding, président des Etats-Unis.

En 1922, Marie fut également élue à l'académie française de médecine.

Le péril invisible

Au cours de la décade 1920-1930, on commença à mieux comprendre les effets nocifs de la radioactivité sur le corps humain et sur toute chose vivante. Des préparations "miracle": crèmes de beauté, reconstituants, contenant du radium, avaient été lancées sur le marché. Elles firent plus de mal que de bien. Les savants qui avaient travaillé aux côtés des Curie, à l'aube de la découverte, étaient malades ou mourants. Peu à peu, les risques de la radioactivité : malaises digestifs, douleurs, brûlures, ulcères, cancers, etc., furent dénoncés et des mesures de protections recherchées et appliquées.

Les dernières années

Pour aider de jeunes chercheurs et recueillir des fonds, Marie se rendit en Belgique, au Brésil, en Espagne, en Tchécoslovaquie. Lors d'un second voyage aux Etats-Unis, en 1928, l'industriel Henry Ford lui fit cadeau d'une voiture. Elle fut reçue à la Maison Blanche par le président Herbert Hoover. Un Institut du Radium fut créé à Varsovie avec son aide financière.

Elle subit l'opération de la cataracte. Sa santé se dégradait toujours. Elle mourut le 4 juillet 1934, à Sancellemoz, en Suisse. Pionnière de la recherche sur la radioactivité et première "femme de science" célèbre, elle avait souffert du "mal des rayons" pendant plus de la moitié de sa vie.

La vie et les découvertes des Curie sont souvent commémorées par les timbres poste. L'image en forme d'étoile à droite est un diagramme de l'atome.

Le cas des cadrans lumineux

En 1927, les tribunaux américains eurent à juger un cas particulier. Cinq ouvrières chargées d'enduire les cadrans de pendules d'une peinture lumineuse à base de radium, tombèrent gravement malades. Elles portèrent plainte contre leur employeur, la *US Radium Corporation*, réclamant une indemnité pour soins médicaux. La presse américaine et étrangère évoqua le cas en gros titres. Marie Curie s'y intéressa et suggéra pour les malades un régime de foie de veau cru. La firme américaine rejeta l'accusation mais n'en accorda pas moins aux plaignantes une indemnité et des pensions.

Chapitre VII
Après les années Curie

La première bombe atomique atteignit la ville d'Hiroshima, la seconde celle de Nagasaki. La radioactivité couvrit un immense territoire avec de terribles conséquences. La guerre mondiale prit fin peu après.

Le radium découvert par Marie Curie est rarement employé aujourd'hui, même dans la recherche scientifique. Mais ses travaux sur la purification du radium et sur les rayonnements ont puissamment contribué à une meilleure compréhension de la radioactivité et de l'atome.

Bombes atomiques

Les recherches de Marie Curie, Ernest Rutherford, Albert Einstein, Otto Hahn et bien d'autres ont permis d'étudier la constitution de l'atome et des conditions qui provoquent un dégagement d'énergie. Dans la fission nucléaire (du latin *nucléus* : noyau), le noyau de l'atome se divise en deux ou plusieurs fragments. Dans la fusion nucléaire, les particules d'atome s'unissent. Certaines conditions étant réunies, il se dégage une gigantesque quantité de chaleur, de lumière et d'autres formes d'énergie.

En 1945, vers la fin de la Deuxième Guerre Mondiale, deux bombes atomiques d'une puissance dévastatrice, obtenues par fission nucléaire, furent larguées sur le Japon.

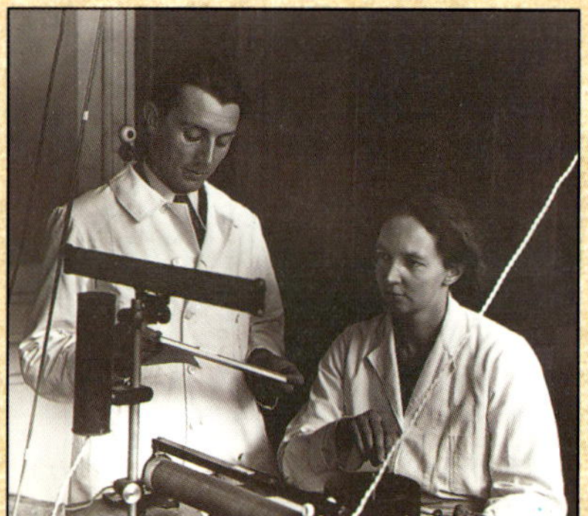

Irène et son mari Frédéric Joliot. Ils s'étaient connus au laboratoire où Frédéric travaillait près de Marie.

Les travaux d'Irène et Frédéric

Les jeunes ont continué l'oeuvre des aînés. En 1925, Irène Curie obtint le titre de docteur ès sciences pour ses recherches sur le rayonnement alpha du polonium. Un an plus tard, Irène épousa le physicien français Frédéric Joliot, assistant de Marie. Le jeune couple poursuivit à l'Institut du Radium des travaux qui aboutirent, en 1934, à la découverte de la radioactivité artificielle, c'est-à-dire le cas d'une substance non radioactive qui, bombardée par certains rayonnements, devient à son tour radioactive. Les Joliot-Curie soumirent de l'aluminium à un bombardement par rayonnement alpha et obtinrent une forme de phosphore. En 1935, ils reçurent le prix Nobel de Chimie.

Leurs travaux avaient aussi contribué à la découverte, en 1932 par le physicien anglais James Hardwick, des particules atomiques appelées neutrons. Irène Joliot-Curie fut la première femme ministre en France.

Une énergie puissante

L'énergie atomique pacifique offre d'énormes possibilités. En 1942, Enrico Fermi, physicien italien, s'appuyant sur les travaux des Curie et d'autres savants, construisit aux Etats-Unis, à l'Université de Chicago, le premier réacteur nucléaire expérimental. Une centrale atomique (nucléaire) devait suivre. L'uranium est utilisé comme combustible pour produire une chaleur intense transformée en électricité. A mesure que le noyau d'uranium se divise et dégage de l'énergie, ses composantes déclenchent la fission d'autres noyaux d'uranium, entraînant une réaction en chaîne toujours plus forte. Un fragment d'uranium dégage deux millions de fois plus de chaleur qu'un morceau de charbon de même dimension.

Le fonctionnement d'une centrale nucléaire doit être rigoureusement contrôlé. Ce n'est pas facile et l'on se heurte aussi au problème de l'élimination des déchets radioactifs qui sont dangereux. La radioactivité produite peut persister des milliers d'années.

La terrible explosion de la centrale nucléaire de Tchernobyl, en URSS, en 1986, a montré que la radioactivité reste un très grand péril.

Mais la radioactivité, c'est aussi la possibilité de détecter certaines maladies et de les guérir. Grâce à la radiothérapie, on peut détruire certaines cellules cancéreuses en les "bombardant" avec une bombe à cobalt, c'est-à-dire en dirigeant les radiations du cobalt sur ces cellules malades.

Enrico Fermi reçut en 1938 le prix Nobel de Physique pour ses travaux sur la modification de substances exposées au bombardement de particules atomiques, sur la désintégration de la matière sous un bombardement de neutrons.

L'un des plus grands savants de tous les temps, Albert Einstein, mort en 1955. Son oeuvre est principalement celle d'un théoricien et d'un écrivain scientifique, basée sur les mathématiques, plutôt que celle d'un expérimentateur en laboratoire comme le furent les Curie. Mais tous ces savants, théoriciens, expérimentateurs, ont fait progresser l'homme vers une meilleure connaissance des atomes, du rayonnement et des forces de la nature.

Le monde au temps de Marie Curie

	1850-1875	1876-1900
Sciences	**1859** Naissance de Pierre Curie **1867** Naissance de Marie Sklodowska, future Madame Curie **1874** George Stoney propose le terme "électron" pour une particule encore inconnue dont il soupçonne l'existence.	**1886** Le chimiste Suédois Alfred Nobel, qui découvrit la dynamite en 1866, fonde les prix qui portent son nom. **1886** Louis Pasteur découvre le vaccin contre la rage. **1889** Gustave Eiffel achève sa tour à Paris (300 mètres de haut).
Exploration	**1856** Richard Burton et John Speke quittent l'Angleterre à la recherche de la source du Nil. **1869** Ouverture du Canal de Suez, reliant la Méditerrannée à la Mer Rouge et à l'Océan Indien.	**1881** On commence à creuser le canal de Panama, en Amérique Centrale. **1890** Découverte de la tombe de Cléopâtre en Egypte. **1893** Fridtjof Nansen, Norvégien, fait voile vers le pôle Nord qu'il tentera d'atteindre en traîneau.
Politique	**1853** Début de la Guerre de Crimée dans la région de la Mer Noire **1861** Abolition du servage en Russie par le Tsar Alexandre II **1870-1871** Guerre franco-allemande. Le siège de Paris et la Commune.	**1890** Célébration du 1er mai, fête du travail, pour la première fois dans vingt pays. **1894** La guerre éclate entre le Japon et la Chine. **1900** Soulèvement des Boxers en Chine.
Arts et Lettres	**1854** Le baron Haussmann, préfet de la Seine, entreprend la reconstruction de Paris, qui durera 17 ans. **1862** Victor Hugo écrit *Les Misérables*. **1865** Lewis Carroll publie *Alice au Pays des Merveilles*. **1874** Première exposition à Paris des peintres impressionnistes.	**1891** Arthur Conan Doyle publie *Les Aventures de Sherlock Holmes*. **1893** Antonin Dvorak compose la *Symphonie du Nouveau Monde*. **1894** Rudyard Kipling publie *Le Livre de la Jungle*.

1901-1925

1902 Rutherford et Soddy publient *Cause et nature de la radioactivité*.
1906 Mort de Pierre Curie.
1921 Frederick Banting et Charles Best trouvent un traitement pour le diabète: *l'insuline*.

1901 En Afrique , on découvre l'okapi, le derniers des grands mammifères connus.
1909 Première traversée de la Manche en avion par Louis Blériot.
1915 Inauguration solennelle du Canal de Panama.

1911-1912 Révolution en Chine. Sun Yat Sen proclame la République.
1914 La Première Guerre Mondiale éclate.
1917 Révolution russe, dite *Révolution d'octobre*.
1918 Fin de la Première Guerre Mondiale.

1902 Premier "disque de gramophone" enregistré par le grand ténor italien Caruso.
1910 A Memphis, USA, des danseurs noirs présentent la musique à un large public.
1913 Le cinéaste américain Cecil B. de Mille tourne un de ses premiers films, *Forfaiture*.

1926-1950

1930 Karl Landsteiner, biologiste autrichien, reçoit le prix Nobel pour sa découverte des groupes sanguins.
1934 Mort de Marie Curie
1935 Charles Richter établit l'échelle qui porte son nom pour mesurer l'intensité des tremblements de terre.

1927 L'américain Charles Lindbergh réussit le premier vol sans escale New York-Paris.
1933 Un canal de 225 km de long unit la Mer Blanche et la Baltique.

1933 Hitler est nommé chancelier de l'Allemagne où l'on commence à ouvrir des camps de concentration.
1936 La Guerre Civile Espagnole se déclenche.
1939 Début de la Deuxième Guerre Mondiale.
1945 Deux bombes atomiques sont lancées sur le Japon. Fin de la Deuxième Guerre Mondiale.

1928 Walt Disney fait son premier dessin animé, *Mickey Mouse*.
1935 Georges Guershwin termine son opéra *Porgy and Bess*
1937 Pablo Picasso peint *Guernica*

Lexique

alliage : Substance résultant du mélange de deux ou plusieurs métaux purs. Le laiton est un alliage de cuivre et de zinc.

atome : les plus petites parties d'une substance, invisibles même sous le plus puissant microscope. Les atomes peuvent être divisés en particules plus petites, telles que les électrons et les neutrons, mais qui ne possèdent plus les propriétés physiques et chimiques de la substance originale. (Voir aussi élément).

chalcolite : minerai, substance naturelle présente dans les roches, contient du cuivre et émet de la radioactivité.

distiller : purifier en chauffant d'abord un liquide jusqu'à le transformer en gaz ou vapeur, puis le refroidir jusqu'à ce qu'il retourne à l'état liquide. Les températures de chauffage et de refroidissement sont calculées pour éliminer toutes les impuretés.

électrolyse : décomposition chimique d'un liquide en le soumettant au passage d'un courant électrique. C'est un des moyens de purifier une substance.

électro-aimant : aimant obtenu en soumettant à un courant électrique un fil métallique enroulé en bobine autour d'une barre de fer. A la différence de l'aimant ordinaire, on peut interrompre l'aimantation ou la provoquer en arrêtant ou en remettant le courant.

électromètre : appareil scientifique pour mesurer la quantité d'électricité dans l'air ou des substances similaires.

élément : substance simple, pure, telle que le fer ou le carbone. Tous les atomes (voir plus haut) d'un élément sont semblables entre eux et différents des atomes d'autres éléments.

émissions : ce qui se dégage d'une substance ou qui résulte d'un traitement. Le soleil émet de la chaleur et de la lumière. Les substances radio-actives émettent des rayonnements, des particules et des ondes.

équations : calculs mathématiques ou chimiques, indiqués par le signe = exprimant l'égalité ou l'équilibre entre deux parties.

évolution : transformation du monde animal et végétal au cours d'un très long espace de temps, comme par exemple l'apparition des dinosaures, il y a plus de 200 millions d'années et leur disparition il y a 65 millions d'années.

gouvernante : la personne qui s'occupe des enfants n'allant pas à l'école et qui assure leur instruction chez eux.

laboratoire : lieu où l'on pratique la recherche scientifique et où l'on fait des expériences.

médaille Davy : récompense de travaux remarquables en chimie et en physique décernée en l'honneur du chimiste anglais Humphry Davy (1778-1829)

minéralogie : étude des minerais, les substances naturelles qui composent les roches et le sol.

Nobel : nom des prix décernés chaque année à des réalisations et travaux remarquables en physique, chimie, physiologie et médecine, économie, littérature et pour le maintien de la paix. Fondés par Alfred Nobel (1833-1896), chimiste et industriel suédois. Inventeur de la dynamite qui fit sa fortune dont l'ampleur lui permit de créer ces Prix.

nucléaire : qui se rapporte au noyau, partie centrale de l'atome.

pénétrant : qui passe à travers une substance. La lumière peut pénétrer l'eau, le verre, mais pas le bois. Les rayons X pénètrent la chair du corps humain mais ne peuvent pas traverser les os.

positivistes : personnes qui considèrent la science et les faits scientifiques comme la plus importante source de nos connaissances, de préférence aux religions, aux traditions, aux mythes et aux légendes.

propriétés : en chimie et en physique, ce qui est particulier à une substance: sa couleur, son éclat, sa dureté et la température à laquelle elle fond ou se transforme en gaz.

shrapnel : obus chargé intérieurement de balles, et aussi fragment de métal dispersé par l'explosion d'un projectile et provoquant des blessures.

suffragette : nom donné aux femmes qui réclamaient le droit de vote aux élections à l'époque où certains pays n'accordaient ce droit - le suffrage - qu'aux hommes.

tuberculose : maladie infectieuse causée par un bacille et pouvant affecter les poumons et d'autres organes. La tuberculose pulmonaire a pour symptômes la toux, la fièvre, des sueurs excessives et un mauvais état général. Pouvait causer la mort avant les traitements modernes aux antibiotiques.

Université Flottante : ses membres se réunissent pour discuter et étudier des sujets scientifiques, politiques ou économiques. Ce ne sont pas des étudiants inscrits à des cours réguliers. Ils se rencontrent à des heures et en des endroits divers, selon leur choix.

uranium : métal lourd, d'un blanc argenté qui dégage de la radioactivité .

Index